AF309554

Y. 5881.

Y. 1188:
DB.

Yf   680

ARIANE,

TRAGEDIE

REPRESENTE'E POUR LA PREMIERE FOIS

PAR L'ACADÉMIE ROYALE

DE MUSIQUE,

Le Mardy 6. Avril 1717.

Le prix est de trente sols.

A PARIS,

Chez PIERRE RIBOU, seul Libraire de l'Académie
Royale de Musique, Quai des Augustins, à la
Descente du Pont-Neuf, à l'Image S. Loüis.

M D C C X V I I.

Avec Approbation & Privilege du Roi.

PRIVILEGE DU ROY.

LOUIS par la grace de Dieu Roi de France & de Navarre : A nos amés & Feaux Conseillers les gens tenans nos Cours de Parlement, Maîtres des Requêtes ordinaires de notre Hôtel, Grand-Conseil, Prevôt de Paris, Baillifs, Senechaux, leurs Lieutenans Civils, & autres nos Justiciers qu'il appartiendra, Salut. Les Sieurs Besnier Avocat en Parlement, Chomat, Duchesne, & de la Val de S. Pont, Bourgeois de notre bonne ville de Paris, Nous ont fait remontrer, qu'en consequence de l'Arrêt de notre Conseil du 12. Decembre 1712. du Traité fait entre eux & les Sieurs de Francine & Dumont le 14. desd. mois & an, & de nos Lettres Patentes du 8. Janvier ensuivant, confirmatives du Traité, ils auroient acquis le Privilege de faire representer les Opera durant le tems de vingt années, à compter du 20. Aout 1712. ainsi que le Privilege de la vente des paroles desd. Opera, lesquelles ils desireroient faire imprimer pour les donner au Public, s'il Nous plaisoit leur accorder nos Lettres de Privilege sur ce necessaires. A CES CAUSES desirant favorablement traiter les Exposans, attendu les charges dont l'Académie Royale de Musique se trouve oberée, & les grandes depens qu'il convient de faire tant pour l'impression que pour la gravure en taille-douce des planches dont ce Livre sera orné, Nous leur avons permis & permettons par ces Presentes de faire imprimer & graver les Paroles & la Musique, de tous lesd. Opera qui ont été ou qui seront representées par l'Académie Royale de Musique, tant separément que conjointement, en telle forme, marge, caractere, nombre de volumes & de fois que bon leur semblera, & de les faire vendre & debiter par tout notre Royaume pendant le tems de dix-neuf années consecutives, à compter du jour de la datte desdites Presentes. Faisons defenses à toutes personnes, de quelque qualité & condition qu'elles puissent être, d'en introduire d'impression étrangere dans aucun lieu de notre obeïssance, & à tous Imprimeurs, Libraires, Graveurs, & autres, d'imprimer, faire imprimer, vendre, faire vendre, debiter, ni contrefaire lesdites impressions, planches & figures, en tout ni en partie, sans la permission expresse & par écrit desd. Sieurs Exposans, ou de ceux qui auront droit d'eux, à peine de confiscation des exemplaires contrefaits, de six mille liv. d'amende contre chatun des contrevenans, dont un tiers à nous, un tiers à l'Hôtel-Dieu de Paris, l'autre tiers ausdits Sieurs Exposans & de tous dépens, dommages & interêts, à la charge que ces Presentes seront enregistrées tout au long sur le Registre de la Communauté des Imprimeurs & Libraires de Paris, & ce dans trois mois de la datte d'icelles, que la gravure & impression desdits Opera sera faite dans notre Royaume & non ailleurs, en bon papier & en beaux caracteres, conformément aux Reglemens de la Librairie, & qu'avant de les exposer en vente il en sera mis deux Exemplaires dans notre Bibliotheque publique, un dans celle de notre Château du Louvre, & l'autre dans celle de notre très-cher & feal Chevalier Chancelier de France le Sieur Phelypeaux Comte de Pontchartrain, Commandeur de nos Ordres, le tout à peine de nullité des Presentes : du contenu d'esquelles vous mandons & enjoignons de faire joüir lesd. Sieurs Exposans, ou leurs ayans cause, pleinement & paisiblement, sans souffrir qu'il leur soit fait aucun trouble ou empéchement. Voulons que la copie desdites Presentes, qui sera imprimée au commencement ou à la fin desd. Opera, soit tenuë pour duëment signifiée, & qu'aux copies collationnées par l'un de nos amés & feaux Conseillers & Secretaires soit soit ajoûtée comme à l'Original. Commandons au premier notre Huissier ou Sergent de faire pour l'execution d'icelles tous actes requis & necessaires, sans demander autre permission, & nonobstant Clameur de Haro, Charte Normande, & Lettres à ce contraires. Car tel est notre plaisir. Donné à Versailles le 20. jour d'Aout l'an de Grace 1713. & de notre Regne le soixante-onziéme. Par le Roi en son Conseil. Signé BESNIER avec paraphe, & scellé.

Nous avons cedé à M. Ribou le present Privilege suivant le Traité fait avec lui le 17. Juillet dernier 1713. A Paris le 21 Aout 1713. Signé, BESNIER.

Registré sur le Registre avec la Cession n. 3. de la Communauté des Libraires & Imprimeurs de Paris, page 648. n. 731. conformément aux Reglemens, & notamment à l'Arrêt du 3 Aout 1703 Fait à Paris ce 11. Septembre 1713. L. JOSSE, Syndic.

ACTEURS chantans du Prologue.

UN DRUYDE,
UNE NYMPHE,
VENUS,

Mr. le Mire.
Mlle Poussin.
Mlle Pasquier.

Noms des Acteurs & des Actrices chantans dans tous les Chœurs du Prologue & de la Tragedie.

COSTE' DE LA REINE.	COSTE' DU ROI.
Mesdemoiselles	*Mesdemoiselles*
Kercoffen.	Pasquier.
Caron.	Guillet.
Veron.	Tettelette.
Gentilhomme.	Millon.
De Mereüil.	Limbourg.
	La Roche.
Messieurs	*Messieurs*
Alexandre.	Corbie.
Morand.	Lemire-L.
Faussié.	Dun, le fils.
Boullai.	Dangerville.
Venec pere.	Boutron.
Venec fils.	Thomas.
Deshais.	Dautrep.
Corail.	Lavigne.
Lebel.	Houbeau.
Plessis.	Lambert.
Paris.	Duchesne.
	Le Jeune.

a iij

ACTEURS DANSANS
DU PROLOGUE.
BERGERS ET BERGERES.

Mefdemoifelles Prevoft, Guyot.
Meffieurs Germain, Dumoulin L., Javilliers, Pierret,
Guyot, Malterre.
Mefdemoifelles Ifecq, Dupré, Lemaire, Duval, Rameau,
Defefchaliers.

ACTEURS
DANSANS
DE LA TRAGEDIE.

ACTE PREMIER.

PEUPLES.

Monsieur Blondy.
Meſſieurs Marcel, Dumoulin L., Pecourt.
Mademoiſelle Guyot.
Meſdemoiſelles Menez, Iſec, Araud.

MATELOTS ET MATELOTTES.

Monſieur F. Dumoulin.
Meſſieurs P. Dumoulin, Dangeville, Malterre, Guyot.
Meſdemoiſelles la Ferriere, Brunel, Mangot, Duval.

ACTE SECOND.

CRETOIS ET CRETOISES.

Meſſieurs Germain, Dumoulin F., Ferand, Pierret, Javilliers.
Mademoiſelle Prevoſt.
Meſdemoiſelles Iſecq, Dupré, Lemaire, Rameau, Leroy.
Monſieur Pecourt, Mademoiſelle la Ferriere.

b

ACTE TROISIE'ME.

Monſieur D. Dumoulin.
Monſieur Marcel, Mademoiſelle Menez.
Meſſieurs P. Dumoulin, Dangeville, Pecourt, Malterre,
Guyot.
Meſdemoiſelles la Ferriere, Haran, Brunel, Dupré,
Duval.

ACTE QUATRIE'ME.

SACRIFICATEURS.

Meſſieurs Blondy, Marcel.
Meſſieurs Germain, Ferrand, Javilliers, Pierret,
P. Dumoulin, Dangeville.

PROLOGUE.

Le Théatre repréſente les Bords de la Seine où les anciens Peuples des Gaules s'aſſembloient pour y celebrer la fête du Guy-de-l'An-Neuf conſacré à Venus, que les Druides cuëilloient le premier jour du mois de-Mai.

Le plus ancien Druide à qui l'autorité ſouveraine eſt déferée paroît avec ſa Faux d'or à la main. Il eſt accompagné d'une Nymphe qui porte le Rameau nouvellement cuëilli.

LE DRUIDE & la NYMPHE.

Abitans fortunés des Rives de la Seine,
Venez ſur ces gazons naiſſans
Celebrer les Jeux innocens
Que ce jour heureux vous ramene.

x
PROLOGUE.
CHOEUR.

Courons fur les bords de la Seine,
Allons fur ces gazons naiſſans
Celebrer les Jeux innocens
Que ce jour heureux nous ramene.

LE DRUIDE & la NYMPHE.

L'Aurore qui nous luit annonce en même tems
Et le Soleil & le Printems.

CHOEUR.

Courons fur les Bords , &c.

LE DRUIDE.

Peuples foumis aux Loix que je reçois des Dieux ,
Joignez vos vœux aux miens, & que chacun revere
Cet antique Rameau , ce Trefor précieux ,
Dont un Chêne voifin des Cieux
Fut longtems le dépofitaire.
A la Déeſſe des Amours
Cette fête fut toujours chere.
Venez lui confacrer & vos cœurs & vos jours;
Et que le bonheur de lui plaire
Augmente en vous l'ardeur de lui plaire toujours.

CHOEUR.

Déeſſe des Amours, fur ce charmant Rivage,
Venez prendre part à nos Jeux.
L'encens eſt moins pur que les vœux
Dont nos cœurs vous offrent l'hommage.

PROLOGUE.

LE DRUIDE.

Antique ornement de ces lieux,
Palais de nos premiers Ayeux,
Chêne sacré, qui nous donnes ce gage
De la faveur des Dieux ;
Que le Fer criminel, que les Vents furieux
Ne te fassent jamais d'outrage.
Qu'il ne soit permis qu'aux Zephirs
D'agiter ton tendre feüillage.
Et que les seuls Amans viennent sous ton ombrage
Soupirer leurs malheurs, ou chanter leurs plaisirs.

LE DRUIDE & la NYMPHE.

L'éclat qui brille dans les airs
Nous apprend que Venus s'avance,
Imitons les Oyseaux charmés de sa présence,
Qui pour la celebrer redoublent leurs concerts.

CHOEUR.

Fille du Ciel, Fille de l'Onde,
Viens fixer ici ton séjour.
Tu ne trouveras point dans le reste du monde
Des cœurs si soumis à l'Amour.

VENUS.

Peuple dont je cheris le zele,
Le desir de vanger une injure mortelle,
Me force à m'éloigner d'un séjour si charmant :
Mais les Ris ni les Graces

En des lieux ennemis ne fuivront point mes traces.
Ils vous confoleront de mon éloignement.

CHOEUR.

Charmante Reine de Cythere,
Ne quittez jamais ces beaux lieux.

LE DRUIDE & la NYMPHE.

S'il eft quelques Mortels qui vous ofent déplaire,
Ceffez de paroître à leurs yeux.
Vous les punirez encor mieux
Par votre éloignement que par votre colere.

CHOEUR.

Charmante Reine de Cythere,
Ne quittez jamais ces beaux lieux.

VENUS.

Quand j'aurai dans la Crete achevé ma vangeance,
Et confondu mes ennemis,
Ces lieux dignes de ma prefence
Auront toujours la preference
Sur tous ceux qu'à mes loix le deftin a foumis.
Je veux que mes faveurs y comblent l'efperance
Des Rois qui par les Dieux vous ont été promis.
Mars avec moi d'intelligence
Prendra plaifir à les former.
Il fera craindre leur puiffance,
J'aurai foin de la faire aimer.

Heureux Mortels aprés cette promesse
       Redoublez vos charmans concerts.
Que vos cœurs, que vos vœux, que vos chants
   d'allegresse
       Me suivent jusques dans les airs.

CHOEUR.

       Pour rendre hommage à la Déesse,
       Redoublons nos charmans concerts.
Que nos cœurs, que nos vœux, que nos chants
   d'allegresse
       La suivent jusques dans les airs.

LA NYMPHE.

Regnez, Amours, regnez dans ces belles retraites,
       Faites-y briller vos appas.
Que les soupçons jaloux, les craintes inquietes
       Respectent les lieux où vous êtes ;
Que les soupçons jaloux, les craintes inquietes
N'habitent que les lieux où vous ne serez pas ;
Regnez, Amours, regnez, dans ces belles retraites,
       Faites-y briller vos appas.

CHOEUR.

       Pour rendre hommage à la Déesse
       Redoublons nos charmans concerts.
Que nos vœux, que nos cœurs, que nos chants
   d'allegresse
       La suivent jusques dans les airs.

Fin du Prologue.

ACTEURS

DE LA TRAGEDIE.

THESE'E, *Fils d'Egée Roi d'Athenes*, M. Thevenard.
ARIANE, *Fille de Minos*, Mlle Journet.
Chœur de Peuples de la Crete.
MINOS, *Roi de Crete*, Mr Hardoüin.
Suite de Minos.
Chœur de Matelots.
PERIBE'E , *Princesse du sang Royal d'Athenes*,
  Mlle Antier.

Les Captifs Atheniens.
Troupe de Guerriers.
Chœur de Prêtres.
Chœur de Coribantes.
L'HYMEN,
LA DISCORDE,
L'OMBRE D'ANDROGE'E, Mr. Dun le Fils.
LE MINISTRE DU SORT, Mr. le Mire.
VENUS, Mlle Pasquier.
UN GUERRIER, Mr. Murayre.
AUTRE GUERRIER, M. Dun le Pere.
UNE CRETOISE, Mlle Poussin.
DEUX CAPTIVES, Mlles Kercoffen & Constance.

La Scene est en Crete.

ARIANE,

ARIANE,
TRAGEDIE.

ACTE PREMIER.

Le Theatre represente le Port de Sidonie.

SCENE PREMIERE.

THESEE.

Mpitoyable Amour, dois-je subir ta loi ?
Regne sur des Mortels moins malheureux
    que moi.

D'un peuple gémissant j'allois venger l'outrage,
Je conduisois des Rois armés pour son secours,
Je les ai vû perir victimes de l'orage,
Et l'azile où les Dieux ont conservé mes jours
    M'est plus fatal que le naufrage.
Impitoyable Amour, dois-je subir ta loi ?

A

Regne fur des Mortels moins malheureux que moi.

Ariane en ces lieux m'ordonne de l'attendre,
Pour fçavoir mon fecret que va-t'elle entreprendre ?
Veut-elle fur mon cœur faire un dernier effort ?
Si tu ne peux cacher les feux qu'elle a fait naître,
Infortuné Thefée, en courant à la mort,
Ote à tes ennemis le plaifir de connoître
    Qu'ils font les maîtres de ton fort.

S C E N E II.

THESEE, ARIANE.

ARIANE.

ILluftre infortuné, je ne fçaurois vous taire
Que ce féjour n'eft plus un azile pour vous.

THESEE.

Genereufe Ariane, ai-je pû vous déplaire,
Echapé par vos foins à Neptune en couroux ?

ARIANE.

Qu'un danger plus preffant vous éloigne de nous.

THESEE.

Je ne crains que votre colere.

ARIANE.

Craignez le retour de mon pere.

THESE'E.

Son retour ! ciel !

ARIANE.

Minos dans ce Port va rentrer.
Il nous amene les victimes
Qu'Athenes vient de lui livrer.
Et que le Minotaure ici doit devorer.

THESE'E.

Peuples trop malheureux !

ARIANE.

Ignorez-vous leurs crimes ?
Androgée aux Autels par leurs mains égorgé,
Ne sçauroit être assez vangé.

Minos sur ces cruels exerce sa justice,
De leurs Temples détruits, de leurs ramparts fumans,
Sa vangeance à son fils n'eut fait qu'un sacrifice ;
Par un tribut terrible & nouveau tous les ans
Il éternise leur supplice.

Vous, partez, qu'en ces lieux il ne vous trouve pas.

THESE'E.

Quoi, sur un inconnu porteroit-il sa haine ?

ARIANE.

Lorsque je vous permis d'entrer dans ses Etats,

A ij

4   A R I A N E,
             Je trahis sa loi souveraine.

Foibles par son absence, exposés aux dangers,
Nous avons dû fermer ce Port aux étrangers.
Nommez-moi dans quels lieux vous avez pris naiſ-
     ſance;
             J'y ferai conduire vos pas.
             T H E S E' E.
Que me demandez-vous?
             A R I A N E.
             Vous ne répondez pas.
             T H E S E' E.
             Juſte ciel ! quelle violence !
             A R I A N E.
J'ai d'un infortuné reſpecté le ſilence,
Mais la Crete & Minos pourroient vous ſoupçonner.
             T H E S E' E.
             He bien ! à toute leur vengeance
             Vous n'avez qu'à m'abandonner.

Mes yeux s'alloient fermer à la clarté celeſte,
Ils ne ſe ſont ouverts que pour voir vos appas,
Voulez-vous m'arracher le ſeul bien qui me reſte ?
             Et n'avez-vous differé mon trépas
             Que pour le rendre plus funeſte ?
             A R I A N E.
             Qu'entens-je ! quel diſcours !

On reconnoît ainfi les bontés d'Ariane!
Fui, ce n'eft plus le foin de conferver tes jours,
        C'eft ma gloire qui t'y condamne.

THESEE.

Il n'eft plus tems de fuir. D'un amour malheureux,
        Vous avez percé le myftere.
Vous m'avez fait parler quand j'ai voulu me taire;
Ma mort doit prévenir vos ordres rigoureux :
Mais avant ce moment on pourra me connoître ;
Et mes derniers foupirs juftifiront peut-être
        La temerité de mes feux.

SCENE III.

ARIANE.

Soûpirs trop retenus ceffez de vous contraindre.
    L'objet de tant de pleurs ne les voit pas couler.
D'un rigoureux mepris je viens de l'accabler ;
        Eft-ce un crime que de l'en plaindre ?
Soûpirs trop retenus ceffez de vous contraindre.
L'objet de tant de pleurs ne les voit pas couler.

Quoi, plaindre un inconnu dont l'audace m'offenfe !
Mais peut-être qu'en lui le Ciel cache un Heros.
Un Mortel qui pourroit rougir de fa naiffance,

ARIANE,

Oſeroit-il brûler pour le ſang de Minos?

Venus, dont la haine implacable
Précipita ma Mere en des malheurs affreux,
Tu menaças mes jours d'un ſort plus déplorable.
Mais puiſque je bannis ce Mortel trop aimable,
Venus ; je ne crains plus le pouvoir de tes feux.

SCENE IV.

ARIANE, *Chœur de peuples de la Crete.*

LE CHŒUR *derriere le Théâtre.*

Dans ce beau jour
Minos va paroître.
De notre Maître
Chantons le retour.

ARIANE.

Le peuple vient ici recevoir le Vainqueur,
Cachons les troubles de mon cœur.

CHŒUR.

Il revient triomphant de la rage inhumaine
D'Eole & de Mars en couroux ;
La Gloire l'éloigna de nous,
La Victoire nous le ramene.

ARIANE.

Chantez, uniſſez vos Voix;
Que ſes Loix
Par tout s'étendent,
Que ſes Armes
Vous défendent,
Que ſes Exploits
Dans tous les climats ſe répandent;
Avec plaiſir les Dieux entendent
Les vœux des peuples pour les Rois.

CHOEUR.

Venez, heureux Vaiſſeaux, ſouverains de ces Mers,
Paroiſſez, répondez à notre impatience.
Venez; vous apportez les treſors les plus chers;
Les objets de notre vangeance.

SCENE V.

ARIANE, MINOS, *ſuite de Minos, Troupe de Guerriers & de Matelots, Chœur de Peuples de la Crete.*

CHOEUR.

NOus triomphons de l'orage
Comme de nos ennemis;

ARIANE,

Les vents, les flots nous font foumis ;
Qu'il eft doux aux Vainqueurs de revoir le rivage :
Nous triomphons de l'orage,
Comme de nos ennemis.

MINOS.

A m'obéïr encor j'ai fçu réduire Athenes.
J'amene les Captifs que le fort m'a remis ;
Sçavez-vous les fecours qui leur étoient promis ?
Thefée avec vingt Rois venoit brifer leurs chaînes.

ARIANE.

Les Dieux veillent toujours fur vous,
Et ce Heros fans doute eft tombé fous vos coups.

MINOS.

Ma fille, j'ai fçu qu'un orage
Avoit long-temps agité fes Vaiffeaux :
A peine en ce moment touche-t'il au rivage,
S'il n'a pas peri fous les eaux.

CHOEUR.

Periffent, periffent
Ceux qui s'arment contre nous.
Que la Foudre prévienne ou feconde nos coups.
Que les Vents, que les Flots s'uniffent,
Que les Mers les enfeveliffent.
Periffent, periffent
Ceux qui s'arment contre nous.

MINOS.

TRAGEDIE.

MINOS.

Au nombre des Captifs j'amene une Princeſſe.
Qui ne plaindroit ſon ſort, ſa beauté, ſa jeuneſſe.
Des Rois Atheniens elle a reçu le jour.
Elle alloit épouſer Theſée à ſon retour.

CHOEUR.

Que c'eſt pour votre fils une digne victime!

MINOS.

Contre nos ennemis la haine eſt legitime;
Cependant la pitié s'empare de mon cœur.
Viens, ma fille, allons voir ſi nous pourrons ſans
    crime
    La derober à ſon malheur.

Fin du premier Acte.

ACTE SECOND.

Le Theatre represente le Tombeau d'Androgée entouré de Colomnes de marbre où les Captifs d'Athenes sont attachés. On voit d'un côté le Temple de Jupiter protecteur de la Crete, & la Ville de Gnosse dans l'éloignement.

SCENE PREMIERE.

PERIBE'E, LES CAPTIFS.
CHOEUR.

sort affreux ! ô destins ennemis !
O trop déplorables victimes !
Helas ! nous mourons pour des crimes
Que nous n'avons pas commis.

PERIBE'E

Lieux qui de notre honte éternisez l'histoire,
Et vous, Manes cruels, Ombre avide de sang,

TRAGEDIE.

Il ne manquoit, à votre gloire,
Qu'une victime de mon rang.

Malheureux Citoyens d'une triste Patrie,
De la mort qui m'attend je crains peu les horreurs:
Par vos maux feulement mon ame eft attendrie,
Et ce n'eft que pour vous que je répands des pleurs.
Lieux qui de notre honte éternifez l'hiftoire,
Et vous Manes cruels, Ombre avide de fang,
Il ne manquoit à votre gloire,
Qu'une victime de mon rang.

UNE CAPTIVE.

Si le Ciel n'eft injufte, il vous doit un miracle.

UNE AUTRE CAPTIVE.

Minos a de vos yeux reffenti le pouvoir,
Et fon amour pour vous forceroit tout obftacle,
Si vous lui donniez quelque efpoir.

PERIBE'E.

A flater le tiran, je pourrois me contraindre,
Si je pouvois changer votre fort rigoureux;
Mais le feul interêt de mes jours malheureux,
Ne fçauroit m'abaiffer à la honte de feindre;
Et pour moi fon amour eft cent fois plus à craindre,
Que le trepas le plus affreux.

CHOEUR.

Dieux ! ô Dieux ! épaignez l'Amante de Thefée.

 ARIANE,

PERIBE'E.
Helas! s'il respiroit, il vous eût sauvez tous :
Notre esperance est abusée.

CHOEUR.
Nous ne plaignons que Thesée & que vous.

SCENE II.

ARIANE, PERIBE'E, LES CAPTIFS.

ARIANE.

PAr l'ordre de Minos, dont je tiens la naissance,
De ces funestes lieux, je viens vous arracher.
Vos malheurs ont sçû le toucher ;
Et vos vertus desarment sa vangeance.
Malgré l'arrêt du sort qui condamne vos jours,
Si le peuple assemblé répond à son envie,
Il connoît trop le prix d'une si belle vie,
Pour en laisser finir le cours.

PERIBE'E.

Le Roi, par cet espoir croit en vain me surprendre :
Je sçai trop de quel soin son cœur est combattu :
Il tend un piege à ma vertu,
Mais je sçaurai bien m'en défendre.

ARIANE.

Qui vous fait rejetter les soins qu'il prend pour vous ?

Le printéms de vos jours commence.
L'éclat de la beauté, celui de la naiſſance
      Mettent des Rois à vos genoux.
Ah ! peut-on voir la vie avec indifference,
      Quand on y tient par des liens ſi doux ?
            PERIBEE.
Que les Dieux à mes jours avoient promis de char-
      mes !
Le plus grand des Mortels m'avoit rendu les armes.
Theſée à nos Autels m'alloit donner ſa foi,
      Athenes rentroit ſous ma loi.
Que les Dieux à mes jours avoient promis de char-
      mes !

      Vain eſpoir ! honneurs ſuperflus !
Nos peuples expirans par une loi cruelle,
Tant de meres en pleurs, de peres éperdus,
L'eſpoir de nous vanger, la gloire, tout l'appelle,
      Il part, & ſans doute il n'eſt plus.
            ARIANE.
Hé, de ſa mort quel témoin vous aſſure ?
            PERIBEE.
Le ſilence de l'univers.
Theſée avoit juré qu'il briſeroit nos fers,
      Il eſt mort, il n'eſt point parjure.
            ARIANE.
Que ne puis-je calmer un ſi cruel tourment ?
Peut-être un étranger prêt à quitter ces rives

Pourroit vous informer du fort de votre Amant;
    Et rendre vos frayeurs moins vives
    Si vous lui parliez un moment.

PERIBE'E.

Quel eft cet Etranger ?

ARIANE.

    Un Guerrier que l'orage
A jetté fur fur ces bords où j'ai fauvé fes jours.

PERIBE'E.

    Thefée ! helas dans un pareil naufrage
Tu n'aurois pas trouvé ce genereux fecours.

ARIANE.

On prépare à mon frere un trifte facrifice.
Fuyez : & profitez de la pitié du Roi.

PERIBE'E.

Je vai l'attendre ici. De la commune loi
    Je ne veux point qu'il m'affranchiffe.
    Je verrai la Mort fans effroi
    S'il veut m'épargner le fupplice
De voir ces malheureux expirer avant moi.

SCENE III.

ARIANE, PERIBE'E, LES CAPTIFS,
Troupe de Guerriers & de Cretois.

ARIANE.

Uniffez vos voix & vos cœurs.
Chantez Guerriers, chantez les Exploits de mon
Frere.

 Peuples, comblez de fes faveurs,
 Venez à cette Ombre fi chere
 Rendre de juftes honneurs,
 Couvrez fon Tombeau de fleurs
 N'y verfez point de pleurs :
 Ils offenfent fa memoire,
  Oubliez fes malheurs.
 Ne fongez qu'à fa gloire,
 Ne formez en ces lieux
 Que des chants de Victoire,
Que fon Nom vole jufqu'aux Cieux.

CHOEUR.

Chantons, celebrons fa Memoire,
 Ne formons en ces lieux
 Que des chants de Victoire;

ARIANE,

Que son Nom vole jusqu'aux Cieux,

Un CHEF *des Cretois.*

Heros qui des Royaumes sombres
Par l'éclat qui te suit,
Dissipe l'horreur & la nuit.
Ombre digne en effet de commander aux Ombres,
L'Olympe n'a point d'Immortels
Qui merite mieux nos Autels,

Un autre CHEF *des Cretois.*

Que le son des Trompettes,
Que ce bruit si cher aux Heros
Frappe les Echos:
Que le son des Trompettes
Penetre les Retraites,
Où tu joüis d'un éternel repos.

Ton bras fit trembler la terre,
Triomphe, que ton nom répande dans les cœurs
Les nobles fureurs
De la guerre.
Et de tous les climats t'appelle des vangeurs.

Que le son des Trompettes, &c.

ARIANE,

ARIANE, *& les deux Chefs des Cretois.*

De ton couroux vangeur nous remplissons la Loi;
Reçois tes ennemis sur le sombre Rivage,
    Ils y seront auprés de toi
    Dans un éternel esclavage.

Un des Chefs des Cretois.

Il est tems de mener les Captifs à la mort.

SCENE IV.

THESE'E, ARIANE, PERIBE'E,
LES CAPTIFS, *Troupe de Cretois.*

THESE'E.

Cruels, n'esperez pas achever ce carnage.

LES CRETOIS.

Temeraire, où vas-tu?

THESE'E.

    Fuyez, craignez le sort
De ceux qui m'ont osé disputer le passage.

LES CAPTIFS.

Thesée! ô Ciel! quel Dieu rend Thesée à nos pleurs!

                C

P E R I B E' E.

Cher Prince, en quel peril votre amour vous engage!

A R I A N E.

Je frisonne! quelles horreurs!
Vous! Thesée! ah, grands Dieux!

T H E S E' E.

Mon nom me justifie.

A R I A N E.

Ingrat, t'ai-je sauvé la vie
Pour armer contre nous tes barbares fureurs.

T H E S E' E.

Vous sçavez mes devoirs, mes sermens, mes malheurs.

Amis, suivez-moi tous, venez prendre les armes.
Des Guerriers tombez sous mes coups ;
Vendons cher à Minos votre sang & vos larmes ;
Et cherchons un trepas qui soit digne de nous.

A R I A N E.

O douleurs ! ô craintes mortelles !

P E R I B E' E.

Grands Dieux ! prenez soin de ses jours.
Et vous mes compagnes fidelles
Tâchons par nos efforts d'attirer leurs secours.

Fin du second Acte.

ACTE TROISIÉME.

Le Théatre represente le Temple de Jupiter.

SCENE PREMIERE.

ARIANE.

O Toi ! qu'en ce temple on adore,
Jupiter, prens pitié de ton sang malheureux.
Inspire-moi, Dieu que j'implore,
Pour qui je dois t'offrir des vœux.

Quel trouble cruel me devore !
Le sort m'offre dans un Amant
L'ennemi qu'il faut que j'abhorre :
Une Rivale augmente mon tourment.
L'Ingrat fuit avec elle, ou meurt en ce moment.

Malheureuſe! & pour lui mon cœur ſoupire encore.

O toi, qu'en ce Temple on adore,
Jupiter, prens pitié de ton ſang malheureux :
Inſpire-moi, Dieu que j'implore,
Pour qui je dois t'offrir des vœux.

Triomphons de l'Amour, n'écoutons que la rage,
Que le ſang de l'Ingrat coule ſur ce rivage :
Vous qui le pourſuivez ſecondez mes tranſports ;
Et pour me l'immoler redoublez vos efforts.

Pour me l'immoler! Dieux! quelle fureur me guide?
Barbares, arrêtez, n'allez pas m'obéir.
Ah! ce n'eſt pas aſſez pour haïr un perfide
Qu'on ait ſujet de le haïr.
Le Roi vient. Ah cruels! vous m'avez trop ſervie.

SCENE II.

MINOS, ARIANE.

ARIANE

NOtre ennemi, Seigneur, a-t'il perdu la vie?

MINOS

Non, ma fille, il respire, & je sens que les Dieux
Veulent mettre en ce jour un terme à ma vangeance.
Le sang Athenien leur est trop précieux ;
Par un nouveau prodige ils prennent sa défense,

ARIANE

Quel prodige, Seigneur. . . . .

MINOS

Dois-je en croire mes yeux ?
Peribée. . . .

ARIANE

Achevez.

MINOS

Cette Amante intrepide
Armant ses foibles mains pour combattre avec lui,
Vient de s'élever aujourd'hui
Au-dessus d'un sexe timide.
Ses Compagnes comme elle affrontant les hazards,
Les armes à la main ont volé sur ses traces.

J'ai vû la fureur dans les Graces.
J'ai vû la Beauté même effrayer mes regards.
J'ai vû cette Princesse & terrible & charmante,
A côté de Thesée imiter ses Exploits;
Elle se montroit à la fois
Et sa Rivale & son Amante.

ARIANE.

Juste ciel !

MINOS.

Nos Soldats ont suspendu leurs coups,
Et j'ai senti moi-même expirer mon couroux.

ARIANE.

Où sont vos ennemis ?

MINOS.

Ils sont sur le Rivage
Où j'ai fait cesser le carnage.
Pour regler leur destin, pour leur jurer la paix,
Mes ordres dans ce Temple appellent leur Princesse,
Elle vient. Vous sçavez ma flâme & mes projets,
Faites tout préparer, ma fille : & qu'on me laisse.

SCENE III.

MINOS, PERIBE'E.

MINOS.

Generevse ennemie,
J'ai voulu vous parler aux pieds de ces Autels.
Entre Athenes & moi par des nœuds immortels,
Si vous y consentez la Paix est affermie.

PERIBE'E.

Ne faut-il que mon sang pour vanger votre fils?

MINOS.

Ne parlons plus ici de sang ni de vangeance;
Dût l'Ombre de mon fils condamner ma clemence,
L'amour que j'ai pour vous me rend sourd à ses
    cris.

PERIBE E.

Ah, Seigneur! à l'amour est-ce à vous de vous rendre?

MINOS.

De si rares vertus, des attraits si charmans
Ont enflamé Minos de l'amour le plus tendre;
Mais ce n'est pas de lui que vous devez attendre

Les soins des plus vulgaires Amans,
Mon peuple vainement vous attend pour Victime,
Recevez le secours que je viens vous offrir ;
Mon amour du destin veut réparer le crime,
Et vous allez regner où vous alliez perir.

PERIBEE.

Qu'entens-je, ô Ciel !

MINOS.

Songez que le peril extrême
Ne veut point de retardement,
Et si vous perdez un moment
Vous perdez vos Sujets & votre Amant lui-même.

PERIBEE.

O Thesée ! ô Patrie ! où me reduisez-vous ?

MINOS.

Entre Athenes & nous
Il regne trop de haine.
Elle ne peut ceder qu'à des liens si doux,
Et si mon Peuple en vous ne respecte sa Reine,
Je ne vous répons plus de retenir ses coups.

PERIBEE.

Quoi, je puis d'un seul mot dissiper cet orage ;
Et je verrois couler un sang si précieux !
M'en preservent les justes Dieux !
Leur voix ranime mon courage.

Vous serez obéis, grands Dieux ! je vous entends,

MINOS.

MINOS.
Puis-je enfin efperer un deftin plus propice?

PERIBEE.
Thefée, à ton Rival fouffre que je m'unifſe,
Il n'en joüira pas long-tems.

De Thefée & des fiens qu'on épargne la vie.
D'un barbare tribut delivrez ma Patrie.
Je donne ma main à ce prix.

MINOS.
Je vais raffurer vos efprits
Par des fermens inviolables.

PERIBEE.
Vous m'avez infpiré le parti que j'ai pris,
Dieux! à mes derniers vœux montrez-vous favora-
bles.

MINOS.
Prêtres de Jupiter par les nœuds les plus doux,
Venez couronner ma tendreffe.
Une fi charmante Princeffe
Eft digne de regner fur Minos & fur vous.

D

SCENE IV.

MINOS, PERIBE'E, CHOEUR de Coribantes, CHOEUR de Peuples de la Crete.

CHOEUR.

Triomphez charmante Princesse,
Regnez sur Minos & sur nous.
Notre zele pour vous
Egale sa tendresse.
Triomphez, charmante Princesse,
Regnez sur Minos & sur nous.

Le petit CHOEUR.

Vous ramenez la paix profonde
Dont joüissoient ces lieux charmans,
Quand le Maître du monde
Nous donnoit ses premiers momens.

Le grand CHOEUR.

Vous allez commander aux Peuples de la Terre
Les plus chers au Maître des Dieux.

Le petit CHOEUR.

Les feux qui brillent dans vos yeux
Ont éteint les feux de la Guerre.
Des attraits moins victorieux

Ont foûmis le Dieu du Tonnerre.

Le grand CHOEUR.

Joüiſſez d'un ſort glorieux.

Le petit CHOEUR.

Ramenez la paix en ces lieux.

CHOEUR.

Triomphez charmante Princeſſe,
Regnez ſur Minos & ſur nous.
Notre zele pour vous
Egale ſa tendreſſe.
Triomphez, charmante Princeſſe,
Regnez ſur Minos & ſur nous

UNE CRETOISE.

Jeunes Cœurs
Que l'Amour enchaîne
Vous devez ſans peine
Sentir ſes ardeurs.
Les plus grands Dieux
Suivent ſes Loix ſuprêmes,
Et dans ces lieux
Ses traits ſont les mêmes
Que ceux qu'il lance dans les Cieux.
Jupiter plus tendre
Plus foible que nous
Sçait moins ſe défendre
D'un penchant ſi doux.
Dans ce beau ſéjour

ARIANE,

Sous ces frais ombrages
Il reçut nos premiers hommages,
Et rendit les siens à l'amour.
Jeunes Cœurs
Que l'Amour enchaîne
Vous devez sans peine
Sentir ses ardeurs.
Les plus grands Dieux
Suivent ses Loix suprêmes,
Et dans ces lieux
Ses traits sont les mêmes
Que ceux qu'il lance dans les Cieux.

Vn CORIBANTE.

Fuis, Guerre inhumaine,
Fuis loin de ce beau séjour,
Que la paix dans ce jour
Amene
Le tendre Amour.

Que d'ardeurs nouvelles
Se vont allumer ?
Les cœurs les plus rebelles
Se vont enflâmer :
Content de la gloire
De nous desarmer,
Le prix de sa victoire
Est de nous charmer.

MINOS.

Dieu que jamais en vain n'atteſtent les Mortels :
Sois garant des ſermens qui vont ſerrer nos chaînes.
Aux pieds de tes ſacrés Autels
Je jure que Theſée & le Peuple d'Athenes . . . .
Mais de quel bruit ſoudain retentiſſent les airs ?
Quels ſifflemens effroyables !
Quels tremblemens ! quels éclairs !
Je reconnois Venus. Ses fureurs implacables
Souleyent contre moi le Ciel & les Enfers.
La Diſcorde a briſé ſes fers,
L'Hymen s'enfuit : la Terre s'ouvre :
Le Temple tombe : je fremis.
A mes yeux l'Enfer ſe découvre.
Quel Spectre menaçant ! c'eſt l'Ombre de mon fils.

*L'Hymen s'envole, la Diſcorde ſort des Enfers qui briſe
une partie du Temple, & laiſſe voir le Tombeau d'Androgée, comme dans l'Acte précedent.*

SCENE VI.

L'OMBRE D'ANDROGE'E, *& les*
mêmes Acteurs de la Scene précedente.

L'OMBRE.

UNe Victime encor est dûë à mon couroux.
C'est au sort à nommer celle que je demande
Si mon sang me trahit, s'il m'en ravit l'offrande,
Du sort le plus affreux tu sentiras les coups.

MINOS.

Ombre barbare, Ombre inhumaine,
Quel sang demandes-tu pour assouvir ta haine?

Fin du troisiéme Acte.

ACTE QUATRIÉME.

Le Theatre represente un lieu destiné pour le sort.
L'Urne est élevée sur un Autel.

SCENE PREMIERE.

THESE'E, PERIBE'E.

THESE'E.

Uoi votre Hymen n'étoit qu'un ar-
fice
Que vous inspiroit votre amour ?
Vous alliez à l'Autel pour vous priver du jour.
Le Ciel s'est declaré contre votre injustice.
Nous allons voir couler un sang moins précieux.
Cette Urne dont les Dieux
Ont fait Minos depositaire.

Va bientôt montrer à nos yeux
Un autre objet de leur colere.

P E R I B E' E.

Prince , qu'avez-vous fait ? Quel injuste transport
Vous fait tenter pour moi la cruauté du sort?

T H E S E' E.

Ses fureurs contre vous n'étoient pas legitimes.
Au sort des autres noms j'ai dû vous dérober,
Et mon nom a rempli le nombre des Victimes
Sur qui ses traits doivent tomber.

P E R I B E' E.

Ah! ne presumez pas que mon amour extrême
Vous en laisse essuyer les coups.
J'attens ici Minos. . . . .

T H E S E' E.

Je sauve ce qu'il aime.
Il m'écoutera mieux que vous.

Si j'éprouve du sort la menace fatale
Achevez votre Hymen ; & vivez pour le Roi.

P E R I B E' E.

Je vivrois pour un autre & vous mourriez pour moi.
Ah! notre ardeur n'est pas égale.
Et si j'avois une Rivale
Je ne vous ferois pas une semblable loi.

T H E S E' E.

Dieux! un si tendre amour, un cœur si magnanime.
Ah ,

Ah! si le mien pouvoit se montrer à vos yeux…
Si vous sçaviez ce qui l'anime….
Mais pour le choix de la Victime,
Ariane & Minos arrivent dans ces lieux.

SCENE II.

MINOS, THESE'E, ARIANE, PERIBE'E.

PERIBE'E.

Lorsqu'entre les Captifs il faut que l'on choi-
sisse,
Laisserez-vous ce Prince en danger de périr?
Rendez-moi le péril que je devois courir:
Ou des Dieux contre vous j'implore la Justice.

MINOS.

Je vous plains. Je le plains. Les Dieux m'en sont
témoins.
Mais il s'agit de votre vie,
Je ne puis condamner sa genereuse envie.
Et quand il vous doit tant il ne peut faire moins.

PERIBE'E.

Ah, Seigneur!

E

MINOS.

C'est au Ciel à prendre sa défense.
Chacun s'avance dans ces lieux.
De ce dépot sacré respectez la presence,
    Ou craignez le couroux des Dieux.

SCENE III.

MINOS, THESE'E, ARIANE, PERIBE'E,

Les Ministres du fort, les Atheniens, Suite de Minos.

MINOS.

VOus, Peuple Athenien, & vous, Fils de leur Roi,
    Faites silence. Ecoutez-moi.
Je celebre à regret ce mystere funeste,
    Dont les Aprêts vous font trembler.
Mais le sang exigé par le couroux celeste
    Est le dernier qui va couler.

    Sort fatal ! sort irrevocable !
    Lancez vos plus funestes traits,
    Sur qui seroit assez coupable
    Pour s'opposer à vos decrets.

      Un MINISTRE *du fort.*
      Urne terrible,
      Oracle infaillible

> Organe certain
> Des loix du deſtin,
> Partage, partage
> Les droits des Autels;
> Reçois pour hommage
> L'effroi des Mortels.

Urne terrible, Urne équitable,
Que Minos doit un jour emporter aux Enfers;
Tu ſeras dans ſes mains l'Arbitre redoutable
De tous les Habitans de ce vaſte univers.

> Partage, partage
> Les droits des Autels;
> Reçois pour hommage
> L'effroi des Mortels.

CHOEUR.

> Partage, partage
> Les droits des Autels;
> Reçois pour hommage
> L'effroi des Mortels.

Le MINISTRE.

C'eſt à toi de nous apprendre
Quel Mortel doit ſubir une ſevere Loi.
Un ſeul ſe plaindra de toi,
Tous les autres auront des graces à te rendre.

ARIANE,

Partage, partage
Les droits des Autels ;
Reçois pour hommage
L'effroi des Mortels.

CHOEUR.

Partage, partage, &c.

Le MINISTRE.

Approchons, il eſt tems. Quelle ſecrette horreur
Fait trembler ma main & mon cœur ?
Quel pouvoir inviſible ouvre l'Urne funeſte ?
Que deviennent les noms échapez à la mort ?
Ils ſont diſparus. Un ſeul reſte.
Theſée eſt nommé par le ſort.

CHOEUR.

Sort fatal ! ſort irrevocable !
Lancez vos plus funeſtes traits,
Sur qui ſeroit aſſez coupable
Pour s'oppoſer à vos decrets.

MINOS *en ſortant.*

Sort fatal ! ſort irrevocable !

THESE'E.

Je ſauve mes Sujets. Le ſort m'eſt favorable.

PERIBE'E *à Ariane.*

Princeſſe, à ſon malheur ne l'abandonnez pas.

Je vais rejoindre votre Pere ;
Faire un dernier effort pour fléchir sa colere ;
Ou suivre Thesée au trépas.

SCENE IV.

THESE'E, ARIANE.

THESE'E.

ARrêtez, charmante Princesse.
Un seul moment sur moi daignez tourner les yeux.
Pour prix de toute ma tendresse,
Que je meure du moins sans vous être odieux.

ARIANE.

Quelque interêt qui nous sépare,
D'un Heros tel que vous je plains le sort barbare.

THESE'E.

Qu'une pitié si foible en redouble l'horreur !
C'est peu que du destin j'épuise la colere.
Mes plus cruels tourmens sont au fond de mon cœur.
Je meurs, Victime ; helas ! de la haine du frere,
Et de mon amour pour la sœur.

ARIANE.

Me parlez-vous encor d'une ardeur infidelle ?
Peribée attend vos adieux.

A R I A N E,

T H E S E' E.

Et que lui dirai-je, grands Dieux !

A R I A N E.

Tout ce que fent un cœur qui s'immole pour elle.

Cruel, que venois-tu chercher dans ces climats ?
Pourquoi m'offrir un cœur touché d'autres appas.
Je t'avois arraché des Flots & de l'Orage.
Je démentois les Dieux qui vouloient ton trépas.
Je t'offrois un Vaiffeau pour quitter ce rivage.

Tant de foins, tant de pleurs, helas !
Meritoient-ils un tel outrage ?

T H E S E' E.

Ah ! fi jamais mon cœur a porté d'autres fers,
J'attèfte ici Venus. Que Venus me puniffe.
Que j'emporte avec moi votre haine aux Enfers :
Je n'y fçaurois trouver de plus cruel fupplice.

D'Alcide je fuivois les pas

Quand mon pere promit ma main à la Princeffe ;
Je pouvois fans amour acquiter fa promeffe.
L'amour ne refervoit mon cœur qu'à vos appas.

A R I A N E.

Quoi vous mourez pour elle, & vous ne l'aimez
    pas !

T H E S E' E.

Je meurs pour elle, & le devoir l'ordonne.

Je lui devois une couronne.

Minos va m'acquiter. Ma mort ferre leurs nœuds.
Je meurs pour mes Sujets : un ferment me condamne
A les fauver ou perir avec eux.
Je meurs pour vous, belle Ariane,
Devoré d'un amour qui ne peut être heureux.

Vous repandez des pleurs.

ARIANE.

Quelle peine mortelle !
Que ne me laiffez-vous
A mes foupçons jaloux ?
Ah ! j'aurois moins fouffert à perdre une infidelle.

THESE'E.

Ciel ! aprés cet aveu je brave ton couroux.

THESE'E & ARIANE.

Sort injufte ! fort barbare !
Nous épuifons tes rigueurs.
Quand l'amour affemble deux cœurs
Faut-il que la mort les fépare ?

ARIANE.

Vous meritiez, Thefée, un deftin plus heureux.

THESE'E.

Adieu. Minos & votre frere
Comptent le tems que je differe.

A R I A N E.

Ah ! ne me forcez pas à les haïr tous deux.

J'entens mugir le monstre. Ah , mortelles allarmes !
La valeur contre lui n'est qu'un foible secours.
Jamais aucun Mortel n'en a sauvé ses jours.

T H E S E E.

Adieu , je ressens trop la perte de vos charmes.
Helas ! j'ai souhaité de voir couler vos larmes ;
Et je ne puis en soûtenir le cours.

S C E N E V.

A R I A N E *seule.*

IL me fuit : il m'échappe. O Ciel impitoyable !
Mon amour malgré toi lui servira d'appui.
Ne l'abandonnons pas au malheur qui l'accable :
Et courons nous jetter entre le monstre & lui.

Fin du quatriéme Acte.

ACTE V

ACTE CINQUIÉME.

Le Théatre represente l'Entrée du Labyrinthe
sur le Rivage de la Mer.

SCENE PREMIERE.
ARIANE.

EN vain j'ai secouru le plus grand des Heros.
En vain pour l'éloigner des Etats de Minos.
Un Vaiſſeau par mes soins l'attend prés du
Rivage.
D'un malheureux amour inutils efforts!
Theſée eſt déja chez les Morts,
En eſt-il de plus ſûr préſage
Que le silence affreux qui regne ſur ces Bords?

C'étoit peu de l'armer, mon amour moins timide,
Dans ces vaſtes détours devoit être ſon guide;
Je devois de ſon ſort prévenir les horreurs.
Une premiere proye au Minotaure offerte,
Eut du moins ſuſpendu ſa perte:

F

Et peut-être du monstre assouvi les fureurs.

Cher Prince, le trépas va remplir mon attente,
Mes jours aprés les tiens vont être terminés.
            Bien-tôt la Garde vigilante
            Dont ces lieux sont environnés,
            Va faire un crime à ton Amante
            Des secours qu'elle t'a donnés.
Mais le couroux du Roi n'a rien qui m'épouvante.
            Deja mon ame impatiénte,
Vole au devant des coups qui me sont destinés.
Cher Prince, le trepas va remplir mon attente,
Mes jours aprés les tiens vont être terminés.

Que vois-je ! quel objet à mes yeux se presente ?

SCENE II.
THESE'E, ARIANE.
ARIANE.

Ah ! Thefée, eft-ce vous ?

THESE'E.

C'eft par votre fecours
Que le monftre eft tombé dans la nuit infernale.
Par vous de ce vafte dédale
J'ai fçu demêler les détours.
Mais ce n'eft pas aflez d'avoir fauvé mes jours.
Contre un pere irrité je vous dois un azile.
Je vous dois mon fceptre & ma foi.
Venez les recevoir fous un Ciel plus tranquille.
Votre fecours m'eft inutile,
Si vous ne vivez pas pour moi.

ARIANE.

C'eft par moi que mon frere a perdu fa victime.
J'ai trahi ma Patrie, & mon Pere, & mon Roi.
Votre péril & mon effroi
Déroboient à mes yeux l'image de mon crime ;
Et mon crime à fon tour eft tout ce que je voi.

Je ne puis l'expier par une mort trop prompte....

Fuyez Prince ; pour vous les chemins font ouverts,
Etalez votre gloire aux yeux de l'univers ,
    Laiffez-moi lui cacher ma honte,
        T H E S E' E.

    Quoi ! vous refufez de partir ,
Et vous vous repentez d'avoir fauvé ma vie?
        A R I A N E.

    Je vois toute ma perfidie ,
    Mais je ne puis m'en repentir.

Allez faire aux Tirans une nouvelle Guerre.
Que par d'heureux efforts le crime combattu ,
Puiffe exempter les Dieux de lancer le Tonnerre ,
    Et contraindre toute la Terre
D'excufer un forfait qui fauve la vertu.
        T H E S E' E.
    Ah ! fi j'étois affez perfide
Pour vous abandonner aux horreurs du trépas,
    Toutes les Victoires d'Alcide
D'un reproche éternel ne me fauveroient pas.
    Puifqu'une Mort inévitable
A mon Sceptre, à ma foi vous femble preferable,
Aux fureurs de Minos je vais m'offrir pour vous.
Dans les flots de mon fang je vais laver le crime
    Qui vous expofe à fon couroux ;
    Et lui ramener la Victime
    Que vous derobiez à fes coups.

ARIANE.

Ah, cruel ! Arrêtez. Que pretendez-vous faire ?
Derobez-vous à sa colere.

THESE'E.

Cessez donc de vous obstiner,
Contre un fidel Amant qui sans vous ne peut vivre.
Ma gloire me défend de vous abandonner.

ARIANE.

Et la mienne, Seigneur, me défend de vous suivre.

THESE'E.

Quoi ! mes soupirs sont vains ! mes vœux sont re-
jettés !

ARIANE.

Pour la derniere fois, adieu, Prince, partez :

THESE'E.

He bien ! votre rigueur extrême
Me force à demeurer dans ces funestes lieux.
Si j'y perds le bonheur d'obtenir ce que j'aime,
J'aurai du moins celui d'y mourir à vos yeux.

SCENE III.

THESE'E, ARIANE, PERIBE'E.

PERIBE'E.

AH, Prince ! de Minos évitez la vengeance;
Prêt à fondre sur vous avec tous ses Soldats,
Il sçait votre Victoire, il marche sur mes pas.
Fuyez.

ARIANE.

Il n'est plus tems. Je le vois qui s'avance.

SCENE IV.

THESE'E, MINOS, ARIANE, PERIBE'E.
Suite de MINOS.

MINOS à ARIANE.

PErfide, à mon couroux ne crois pas échaper.
Vous qui m'avez appris ses crimes,
Frapez, Gardes, versez le sang de mes Victimes.

PERIBE'E.

Barbares, c'est ici que vous devez fraper.

MINOS.

Dieux ! quel nuage épais les vient enveloper ?

PERIBE'E.

Le Ciel protege l'innocence.
Il seconde mes vœux plûtôt que ta vengeance.

MINOS.

Ils se cachent en vain. Vous qui suivez mes pas,
Qu'on les cherche par tout, qu'ils ne m'échapent pas.

*Thesée & Ariane sont enveloppés d'un nuage, qui en
se dissipant laisse voir Venus appuyée sur l'Etoile
qui porte son nom.*

SCENE V.

VENUS, MINOS, PERIBE'E.

VENUS.

REconnois de Venus la fureur vangeresse,
Qui de ces deux Amans couronne la tendresse.

MINOS & PERIBE'E.

Dieux ! Qu'est-ce que j'entens ?

VENUS.

Ouvre les yeux, Minos,
Sur le destin de ta famille.
Vois ce Vaisseau qui fend les flots.
Il derobe à tes coups & Thesée & ta fille.

MINOS.

Ciel !

VENUS.

Je t'ai delivré d'un Rival dangereux.
Vois si malgré Venus tu pourras être heureux.

SCENE

MINOS.

En vain tu proteges le crime,
Cruelle, ne croi pas m'enlever ma victime.

MINOS & PERIBE'E.

Allons } armer tous { mes } vaisseaux.
Allez }   { vos }

Que le fer & la flâme
Au gré de la fureur qui regne dans mon ame,
Les suivent jusques sur les eaux.

MINOS.

Je vai répondre à votre envie.
Ou vous serez vangée, ou je perdrai la vie.

SCENE DERNIERE.

PERIBE'E.

AI-je bien entendu ? Thesée est infidele.
O mortelles douleurs ! ô regrets superflus !
Thesée, il est donc vrai que tu ne m'aimes plus !
Ariane te suit. Tu me trahis pour elle.
O toi qui l'as forcé de me manquer de foi,
Puisse une flâme nouvelle
Me vanger bientôt de toi.

G

Que le cruël qui m'abandonne
T'abandonne à ton tour au milieu des deserts.
Tes cris comme les miens se perdront dans les airs;
Et tu souhaiteras la mort que je me donne.

Elle se tuë.

FIN.

APPROBATION.

J'Ai lû par ordre de Monseigneur le Chancelier *Ariane*,
Tragedie, qui doit être representée par l'Académie de Mu-
sique, & je n'y ai rien trouvé qui puisse en empêcher l'impression.
Fait à Paris ce 29. Mars 1717.

DANCHET.

De l'Imprimerie de JEAN-BAPTISTE LAMESLE,
ruë du Foin, à la Minerve. 1717.